O Movimento "Literatura Clandestina"
apresenta

em: Emoções Dissolvidas

Emoções Dissolvidas

Outras publicações de A.J. Cardiais:

Caricatura do Caos
Antropofagicamente Poético
Pró Natureza
Declaração de amor
Mora, na Filosofia
Escrevendo Para Crianças
Navegante Neutro
Anarquia Poética
Isto É Poesia?
Poeminhas Adocicados Para Corações Apaixonados
Prosopopeia Desvairada
Liberdade das ideias
Cerração
Psicografando-me
Um Quase Nada
Festa Para as Palavras
Labirinto
O Assovio das Coisas
Desconstruções
Inquietações da Alma
Poemas Radicais
Discrepância Poética
Pra Variar
O Amador
Comboio de Emoções
Método Para Abusar Palavras

A.J. Cardiais

# Emoções Dissolvidas

1ª edição
2015

Salvador – Bahia
Editor independente

Emoções Dissolvidas

Copyright by A.J. Cardiais
http://ajcardiais.blogspot.com.br
ajcardiais@gmail.com

# Emoções Dissolvidas

Capa: A.J. Cardiais
www.clubedeautores.com.br
São Paulo – SP

ISBN: 978-85-917748-4-5

Emoções Dissolvidas

## SUMÁRIO

# Extensão do Meu Sentimento

A poesia é a extensão
do meu sentimento.
Através dela tento exprimir
a emoção do momento.

Se estou indignado,
escrevo com indignação.
Se estou apaixonado,
escrevo com paixão.

Se estou divagando,
ela vai me levando
pra qualquer lugar.

Aí eu vou viajando...
Vou sonhando...
Ruim é na hora de voltar.

11.07.2011

## Coração aberto

Gata, meu coração
está querendo te amar.
Mas minha razão
não quer deixar...

Ela diz que você
é uma pessoa vulgar,
que só procura o prazer
e não pensa em casar.

A razão não sabe...
Quando um coração se abre,
é muito difícil de fechar.

Tem que ter uma rima forte.
Daquelas que enfrenta a morte,
para poder fechar e soldar.

19.06.2011

# Duas Velas

Não sigo um radical.
O meu tambor
tanto toca para o bem,
como toca para o "mal"...

Quando toco para o bem,
eu quero ir mais além.
Quando toco para o "mal",
estou me livrando de alguém...

Mantenho duas velas acesas:
uma para minha defesa,
outra para minha evolução.

Não é contraste não...
É difícil ter certeza,
do que trazem no coração.

19.06.2011

## Orientação

Sinto que não vou tão longe...
É a poesia
que está me levando.

Vivo rimando
mau barco de sonhos,
por mares de letras.

Nos versos, vou navegando
e me orientando
pelas constelações de poetas
vivos e mortos.

20.06.2011

# O Espantalho

Não me venha
com sua tralha...
O meu poema
é como navalha.

Não me venha
com essa voz de gralha,
que eu visto a mortalha
e viro um espantalho.

Segue seu caminho,
que eu pego meu atalho
e sigo sozinho.

Estou seguro é numa raiz,
e não em num galho...
Vai, procure ser feliz.

20.06.2011

# Sub Missão

Encharcado,
molho meus olhos,
que odeiam esta missão
pura e serena
sobre a Terra...

Envergo as mágoas
do meu parecer,
perecendo
em cada momento,
de circunstâncias mórbidas
sem elo e concentrações
pueris.

Encharcado,
molho meus olhos
que vasculham
cada dimensão desalmada,
à procura do eu
ou do nada
e me concentro
num momento feliz.

06.05.1982

# Um Novo Tingimento

Vem ouvir meus apelos
dementes,
vocês aí que têm mentes
amplas e arejadas...

Vem vocês que só farejam
ambição
ódio
e poder,
sonhar comigo,
pra ver um novo ser
crescer
e ser gente,
nesta multidão...

Vem comigo ver as rosas,
o jardim
o céu
o mar...
Tudo enfim.

## Emoções Dissolvidas

Vem sentir que o amor,
não custa nenhum valor...
Que a flor,
tem cheiro e tem cor,
e que o pior desta vida
é a dor...

A dor de estar vivo
e não viver...
Vem tingir
uma nova vida pra você.
Vem!

16.04.1982

## Joias Raras

Fujo,
e deixo nos meus rastros
as mágoas, o desamor
e o desengano...
Eu me engano
tentando me acreditar
no nascimento de uma música,
que abane o sofrimento
e o transforme em felicidade...

Sinto o desejo de igualdade
caber no meu bolso
que, apesar de roto,
não vaza pelos sofrimentos.
Lamentos serão
os meus orgulhos
no centro desta estrada
empoeirada.

Alheio à poeira
que me sopram no rosto,
torno-me um vagabundo,
um andarilho,
um João sem mundo...
Mas ninguém
saberá da minha dor...
Ninguém.

02.05.1982

## Vida de um Encanto

Meu coração abotoando lágrimas,
naufraga na doce ilusão
dos meus sonhos desvalidos,
desguarnecidos e descabidos...

A minha voz,
presa no meu íntimo,
tortura-me de solidão...
E abandonarei este barco
naufragado,
mergulhado
e magoado
na insensatez do espírito...

O meu pomo de Adão
se trancará no hemisfério
da minha garganta,
e só abrirá
quando raiar
um novo sol
incandescente e perfumado,
brilhando a vida,
me assombreando,
me mostrando
o meu lugar
e o teu lugar
ao sol.

07.04.1982

# Precisão Inovada

Eu sou uma sobra viva no passado...
Eu sou um túmulo de emoções virgens.
Na sabedoria dos amores,
sou eu quem levo as dez vantagens
do meu saber.

Eu sou uma sombra porque passei...
Mas ainda existo
dentro de corações fracos
e mentes fortes.
Marco a presença da sabedoria,
e levo a desvantagem do entender.

Porque, ao entender, me torno um túmulo,
para encobrir o erro do próximo.
E aí tenho dez vantagens
de viver, de encobrir
e de sofrer...

25.03.1982

## Amores e Lembranças

Tem certos amores
que deixam marcas tão firmes,
que o danado do tempo
não consegue apagar.
E a danada da lembrança
ainda teima em recordar.

07.06.2011

# O Letrado

A Faculdade de Letras
não forma ninguém em Poeta...
Ela forma em "Letrado".
Que podem ser tornar:

Professores, pesquisadores,
críticos literários,
camelos, dromedários...

Forma também uns otários,
que só têm posse do "canudo".
Mas, em se tratando de estudo...

A Faculdade informa
como seguir uma norma,
como "rastrear" um caminho...

O resto,
se aprende sozinho.

09.06.2011

# Resignação

Já que estamos juntos
há tanto tempo,
e não temos como voltar
para não começar,
vamos mudar
o nosso tratamento:

Vamos procurar
nos aturar
sem brigar.

10.06.2011

# Dentro do Sofrimento

Eu vivo dentro do sofrimento...
Vejo as drogas
substituírem o alimento.

Vejo algumas pessoas
tirando seus sustentos do lixo.
Vejo gente vivendo
que nem bicho.

Vejo pessoas idosas "se virando",
para continuarem vivendo,
e políticos se aposentando
depois de alguns mandatos
e muitos "bons tratos"...

Como eu posso me calar,
vendo todos estes atos?
A minha poesia tem que falar,
tem que brigar...
Tem que relatar os fatos.

21.06.2011

# À Existência

Apaguem as luzes...
Deixem o céu se abrir...
Deixem o céu sorrir
seu sorriso de estrelas.

Brancas nuvens
ondeiam para o oeste...
Sei disso por causa do mar.
O mar está no leste.

Sei de tantas coisas
que só servem para mim.
Não serve para discutir
na mesa de um bar...

Sou mais de apreciar
este céu estrelado.
Sou de ficar aqui, parado,
amando tudo isso:
a existência.

11.09.2004

# Êta Mundão!

Brilha o sol...
Manhã tão linda.
Dia bom.
Urubus num desvario
me lembram o Tom.

A cachoeira "barulhando"
me lembra o mar.
A passarada aqui cantando...
Ah, como é bom sonhar...

Vou viver, vou navegar,
o que preciso for.
Vou fazer prazeirosamente
meu viver de amor.

Soltar a mente num devaneio,
nesta vasta extensão:
praia, mata, sol, riacho...
Êta mundão!

26.08.2004

# A Natureza Chora

Eu vi um rio morto...
Já tinha virado esgoto.
E as pessoas "nem aí"...

As pessoas estão achando
tudo normal...
Se um rio morrer,
não faz mal...
Elas é que não podem morrer.

Deixe o esgoto seguir seu curso...
Deixe o poeta com o seu discurso...
Deixe a Natureza chorar
mais um luto.

## Está Escrito

Este poema
pode não ser bonito...

Mas é um risco
é um cisco
é um traço de união...

Ele não está na contra mão,
mas está sem direção.

Está fazendo bobagem
querendo usar outra linguagem
e mostrar outra direção.

Este poema
pode não ser bonito...

Mas está escrito.
E basta.

# Que Assim Seja!

Pra que buscar outros assuntos;
buscar o inusitado,
se o poema ao meu lado
chora, pedindo abrigo?

Se ele é feio, eu não ligo.
Se ele é pobre, dou-lhe abrigo.
Dou o que ele deseja...
Faço com que o mundo o veja.

E torço para que faça sucesso...
Que assim seja!

27/11/10

## Ao Anoitecer

A tarde está indo...
A noite está vindo
e eu aqui, sonhando...

25.06.2011

# De Bem Com a Vida

Vivo de bem com a vida,
mesmo ela me tratando mal.
Aprendi a perdoá-la, afinal.

25.06.2011

# Procurando um Caminho

Eu fico sozinho
estudando a vida.
Procuro um caminho
para torná-la divertida.

27.06.2011

## Solidão

É preferível a solidão,
que gastar o tempo à toa.
Não é qualquer diversão
que me deixa numa boa.

27.06.2011

## Para Levar a Vida

Procuro levar a vida
quase sempre brincando.
Não por ela ser divertida,
mas para continuar rimando.

27.06.2011

## Descuidando no Amor

Eu te amo, minha flor...
Disse isso com carinho.
Descuidei-me no amor,
fui espetado pelo espinho.

27.06.2011

## O Tempo Passando

O tempo está passando,
e eu aqui, observando...
A madrugada está roncando
e eu aqui, sonhando...

27.06.2011

# A Frase

"A imaginação é mais importante
que o conhecimento".
Albert Einstein

Esta frase
chamou minha atenção.
Busquei a imaginação,
só para ter uma base...

A frase
virou tema,
virou poema.
Ou, quase.

23.06.2011

# Selvagem Civilizado

Coitado do "selvagem"
que acha que é vantagem
se tornar civilizado...
Vai penar um bocado.

22.06.2011

## O "D" do Poder

Deus, demônio e dinheiro...
Todos três têm poder.
O interessante é que os três
começam com a letra "D"

23.06.2011

## O Pecado

Quem tem medo do pecado,
lute  para não dar
um passo errado

23,06.2011

## Quando Você Sai

Quando você sai,
é como apagar a luz...
É como desligar o som:
eu fico sem.

Sou uma garrafa
atirada no mar:
fico à deriva,
à mercê da correnteza.

Quando você sai,
minha poesia chora,
cai chuva lá fora,

O relógio perde a hora,
o dia demora...
Depois que você vai.

30.06.2011

# Maquinação

Quando eu maquino
um poema,
tudo sai de cena:
olho, mas não vejo
escuto, mas não entendo...

Estou só vendo as palavras,
escutando a poesia
e rimando o dia a dia.

Eu monto um quebra cabeça,
que com o tempo varia:
hora está uma tempestade,
hora está uma calmaria.

30.06.2011

## Sonora

Eu danço
me balanço
e não canso
de rimar...

Eu brinco
abro o trinco
da poesia
pra brincar...

Vamos bailar,
vamos cantar,
vamos sonhar...

Vamos sorrir
e nos distrair
antes de partir.

30.06.2011

# Minha Poesia

Cada um tem
Um porém...
Ninguém
É igual a ninguém.

Minha poesia está além
Minha poesia está aquém
Minha poesia não está
Ou nunca foi.

Minha poesia é um boi,
Uma rima assustada,
Uma idéia enforcada...

Cada palavra no verso
É um assunto diverso.
É como uma pedra chutada.

30.06.2011

## Pensamento Echarcado

Quando a chuva cai,
Molha o meu sonho
De sol.

E o meu pensamento,
Fica encharcado
De besteiras.

30.06.2011

## Ninguém Sabe

Ninguém sabe
Do meu pensamento
Embolorado.

Ninguém sabe
Sobre o meu passado,
E nem sente
O meu presente.

Ninguém senta
Em minha poesia
E tira um cochilo de versos.

Ninguém sabe
O que eu confesso
Entre as palavras
Mal educadas.

30.06.2011

## Paz Embriagada

Quando a paz
Se embriaga de sol,
O tempo
Lança um anzol
Pra pescar
Nuvens de chuva.

30.06.2011

## Uma Poesia

Se uma poesia me alivia,
duas poesias
aliviam muito mais.

01.07.2011

# Perdido Entre as Palavras

Vivo perdido
Entre palavras e idéias.
Dentro de mim uma alcatéia
Pede abrigo.

Sofro, mas não digo.
Penso, mas não ligo.
Rimo o limo farto
Que se gruda em mim.

Abro as válvulas da imaginação
E deixo jorrar
Toda esta emoção...

Que ganhem o mar,
Que ganhem o mundo
E me ajudem a me encontrar.

01.07.2011

# Lutando Para Não Cair

Eu vivo lutando
Para não cair na depressão.
Vou me segurando
Nas gotinhas de alegria
Salpicadas
Pelas minhas poesias.

01.07.2011

## Por Trás da Poesia

Escondido atrás da poesia
Lanço meu petardo
E fico esperando
o resultado.

01.07.2011

## As Crianças e o Mundo

Ah, crianças...
Serão vocês
A esperança?

Pelo andar
Da carruagem,
Vocês não levam
Nenhuma vantagem:

As drogas se alastrando
Políticos roubando
Marginais comandando
Poluição aumentando...

Esta é o mundo
Que vocês vão encontrar.
Será que vocês
Conseguirão mudar?

01.07.2011

# Problemando

Uma noite perdida
É uma noite com insônia
E sem poesia.

Quando eu conseguia
Ficar sonhando,
A noite ia passando
E eu nem sentia.

Agora os problemas
Não estão deixando
Eu ficar sonhando.

Então eu fico
"problemando"
Até raiar o dia.

02.07.2011

## Tudo é Normal

Eu já gosto de ler
O que me dá liberdade
Para avançar o sinal...

O que,
Sem querer
Me diz assim:

Vai em frente,
Tudo é normal.

A. J. Cardiais
02.07.2011

## Políticos

Enquanto os políticos
Fizerem só políticas,
As nossas situações
Continuarão críticas.

## Vamos Trabalhar

Chega de politicagem.
Precisamos acabar
com essa malandragem
de político não trabalhar.

04.07.2011

## Politicagem

A politicagem
deve acabar
após a eleição.

Chega de malandragem.
Vamos trabalhar
pela nossa Nação.

04.07.2011

## Para Viver nos Céus

Tudo só depende de nós.
Não dizem que Deus
é a nossa voz?
Vamos lutar pelos céus.

04.07.2011

# Bombardeios Sadios

Voem, minhas poesias,
nas asas da imaginação.
Bombardeiem a população
com ideias sadias.

03.07.2011

# Megalópole

Dinheiro circulando
dinheiro trabalhando
dinheiro provocando
dinheiro perturbando...

Dinheiro poluindo
dinheiro corroendo
dinheiro matando
dinheiro morrendo...

Dinheiro, ninguém esquece...
Dinheiro estresse
dinheiro morte
dinheiro prece.

03.07.2011

## Você Precisa

Você precisa saber
o que é o amor...
Você precisa sofrer,
para saber o que é dor.

Você precisa rimar
estas duas coisas.
Você não sabe sonhar...
E o pior é que nem ousa.

Você não sabe viver
e nem sabe o que quer.
Você precisa entender

que viver bem
não é o que se tem,
é o que a gente é.

03.07.2011

# Soneto de Briga

A minha poesia
não rima
com mordomia,
nem com barriga vazia...

A minha poesia
morde as normas
e não conforma
com esta situação.

Ela pensa no irmão.
Ela compra a briga...
Ela não liga

para a "perfeição".
Ela é a barriga
da população.

04.07.2011

# Soneto de Indignação - I

Você não imaginam
o que fervilha de indignação
na minha cabeça,
no meu coração...

Como pode tanta injustiça?
Tem gente comendo carniça
e políticos comendo milhões.
Só pra rimar: cadê os corações?

A poesia que se deita
em berço esplêndido,
não aceita

o que essa corja faz.
Só este soneto "comovido"
não me satisfaz...

Eu quero é mais!

04.07.2011

# Soneto de Indignação - II

Que seja ou não
um soneto.
Eu meto o peito
e abro o portão.

Eu pergunto à Nação:
cadê o respeito?
Quem quer direito,
mostra-se como lição.

Quem tem coração
olha para o irmão
e estende a mão.

Já que não tem
arranca do vintém,
ao último tostão.

04.07.2011

## Qual á a Verdade?

Jesus veio mostrar
que o maior poder
está em amar
e não em "vencer".

Jesus foi humilde.
Tinha riqueza espiritual.
Hoje o povo vive
pela riqueza material.

Esta é a realidade:
sonhos endinheirados,
sonhos pomposos...

Na verdade, na verdade,
poucos serão chamados.
Principalmente os gananciosos.

04.07.2011

## Politica Mais Religião

Política mais religião
chama-se poder total.
Uma comanda pelo "bem",
outra comanda pelo "mal".

Quando a política não
consegue comandar,
chama a religião
para ajudar.

Uma prega a autoridade,
a outra prega a Verdade:
somos frutos do pecado.

Ê povinho amaldiçoado...
Para alcançar a felicidade,
tem que viver "acorrentado".

04.07.2011

# Impacto Brusco

O que eu busco
é um impacto brusco,
para acordar o povo.

O que eu busco,
não é nada de novo...
Eu quero é quebrar o ovo
e deixar tudo às claras.

Não quero "jóias raras".
Eu quero as intenções.
Não quero alegorias,
eu quero as emoções.

06.07.2011

## Paranoia

A vida em si se despede...
Sai devagar
e dá lugar
a uma paranóia.

Eu vejo a jóia
afundando...
Mergulhando
em busca da felicidade.

Fizeram do dinheiro,
o feiticeiro
da humanidade.

06.07.2011

## Teias

Se tenho teias
em minhas veias,
são para pegar rimas
para minhas emoções.

Se a rima sai da veia,
a aranha cede a teia
para capturar
imaginações.

Se você entrar
em minha aldeia,
sentirá que "a coisa"
não é tão feia...
São alucinações.

06.07.2011

## Tangendo a Hora

Estou tangendo a hora
para que o dia
vá logo embora.

05.07.2011

## Poema Entalado

Não gosto de ficar
com um poema entalado...
Eu sou muito avexado.
Quero logo apresentar.

06.07.2011

# Iletrado

Eu estou escrevendo
de baixo pra cima,
como quem raciocina
só para sobreviver.

Eu estou atirando
para me defender...
Se estou matando,
é para não morrer.

Estou defendendo
o meu espaço.
Eu faço o que penso,

E penso e faço.
Eu sou a régua
e sou o compasso.

07.07.2011

# Traço Hilário

Ainda procuro
me encontrar,
neste mar
literário.

Eu procuro
um itinerário
que não seja
tão mambembe.

Eu quero algo
que lembre
um documentário:

Misturar verdade
com necessidade
de um traço hilário.

08.07.2011

## Nó Cego

Eu quero rimar
o mar com o ar,
e dar um nó
em algum lugar.

08.07.2011

## A Prima

A canção
é a rima...
Alucinação
é a prima.

08.07.2011

## Se Você Ama

Se você ama,
faça de conta
que é só a ponta
de uma trama.

08.07.2011

## Sem Falar de Amor

Eu falaria de amor,
se amor eu tivesse sentido.
Então falo da minha dor,
pois não estarei mentindo.

08.07.2011

## Comprando Briga

Eu não compro briga,
porque vou dar calote.

## Muito Mais

Não falo do que não sei...
Não procuro saber
o que não me atrai.

O que de mim sai,
sai por querer.

Para mim o prazer
vale muito mais.

08.07.2011

# Muito Bem

Se eu fosse "alguém",
tudo que eu fizesse
as pessoas diriam:
muito bem!

08.07.2011

## Cheia de Glória

Deixem minha escrita
escrever sua história.
Talvez não seja bonita,
mas pode ser de glória.

08.07.2011

## Madrugada Silenciosa

O silêncio da madrugada
não diz nada...

Mas os cães ladram
e mordem o silêncio.

09.07.2011

## Imagens Perdidas

Imagens perdidas na rua
sambam na mente
do poeta...

Ele tranca os olhos,
guarda as palavras,
mas a sua mente
quer festa.

09.07.2011

## Para Sofrer

Mergulho no passado
sem querer...
A minha necessidade
vai procurar você.

Agora eu pergunto:
pra quê?
Pra sofrer?

09.07.2011

## Captura Brusca

Deixo os olhos divagarem
em busca de uma poesia...

A mente está em sintonia
para essa brusca captura.

09.07.2011

# Produção

Hoje produzi
muito:
traduzi
tudo
que senti.

09.07.2011

## Em Sintese

Para que ser
Q U I L Ô M É T R I C A,
se a estrada da poesia
é pura imaginação?

Para que usar
PALAVRÃO,
e abusar
da palavra?

Puxe a trava
de mão.

09.07.2011

# Consertos

Não importa
se parte.
Conserte.

Não importa
se perde.
Ache.

Não importa
se solta.
Encaixe.

09.07.2011

## O Grão

Não use a poesia
em vão...

O grão
da palavra
tem germinação.

09.07.2011

## Acaso

Deixe o acaso acasalar...
Deixe que aconteça
o que estiver no ar.

Não se avexe.
O que tem que acontecer,
acontece.

09.07.2011

# Amor - Vida e Morte

Todos querem
que eu fale de amor...
Mas eu não sei falar.

Eu só sei viver,
só sei sentir
e depois morrer.

10.07.2011

## Abrindo o Trinco

Quando eu brinco,
eu abro o trinco
da imaginação.

10.07.2011

# Sob o Comando do Amor

Às vezes o amor
chega até você,
e disfarça fingindo
que ainda não chegou.

Deixa você pensar
que está no comando,
quando na verdade
é ele que lhe comanda.

Deixa você cantar de galo,
deixa você dizer:
o que eu quero, eu faço!

Mas na hora "do vamos ver",
fica aos pedaços
querendo morrer.

10.07.2011

# Mistério do Amor

Não brinque
com o amor...
Ele é um lutador
traiçoeiro.

Ele passa o tempo inteiro
te estudando...
Quando dá um golpe,
acaba ganhando.

Não brinque, por favor.
O amor é para
ser levado à serio.

Ele é um lutador
com jeito de mulher,
e cheio de mistério.

10.07.2011

## Amor Intenso

Sempre fui intenso
em se tratando de amar...
Talvez isso tenha sido
meu defeito.

Quando o amor
bate em meu peito,
fica o tempo todo no ar...
Haja combustível.

Depois, quando ele vai,
fica uma sensação horrível
De último cais.

É imenso o oceano.
Fica um buraco incrível...
Parece que foi tudo engano.

10.07.2011

## Atração Fatal

O amor vive
perguntando por mim.
É do tipo assim...
De atração fatal.

O amor é mortal.
Quando olha pra mim,
rima desigual:
consumir, acabar...

O amor é um mal,
que mora em mim.
É do tipo assim...
Se foi bom, foi legal.

10.07.2011

# O Amor é Covarde

Estou estudando
a possibilidade
de estar te amando...
Estou falando a verdade.

Não sou de ficar rimando
sem necessidade.
O amor é covarde:
pega a gente brincando.

A gente vai indo
e não fica sentindo
o que está acontecendo...

Pensa que está brincando.
Acha que está só curtindo,
quando já está amando.

10.07.2011

# Faça

Faça uma canção
para meu soneto.
Ele é filho do gueto,
precisa de atenção.

Faça do meu soneto
um coração.
Ele é a união
de todo tipo de preto.

Faça da união
o meu soneto,
que é preto de coração.

Faça do velho preto
uma canção,
para o povo ter respeito.

10.07.2011

## Sem Análise

Não me peça para analisar,
que eu só sei gostar.
Se eu gosto, me deleito.
Se não gosto, respeito.

10.07.2011

## Poesia de Utilidade

Quando não
para instruir,
para distrair.

10.07.2011

## Maré

Maré vazia,
maré cheia...
Ondas n'areia.

10.07.2011

A.J. Cardiais
(O Anarquista Literário)


Um poeta, um sonhador, um buscador, um hippie...
Um vagabundo, tentando melhorar o mundo.

Visite minha página no Clube de Autores:
https://www.clubedcautores.com.br/authors/96437

# Emoções Dissolvidas

Clube de Autores Publicações S/A
CNPJ: 16.779.786/0001-27
Rua Otto Boehm, 756 – sala 02, América
Joinville / SC - CEP: 89201-700